INHAL

EINFÜHRUNG
von Grace Cooke

Ich wurde mit der Gabe des «zweiten Gesichtes» geboren, und es war in meiner frühen Kindheit für mich leicht, jene zu sehen und ihre Stimmen zu hören, die in höhere Bewußtseinsebenen hinübergegangen waren. Es geschah ohne die geringste Anstrengung meinerseits, doch in späteren Jahren mußte ich lernen, mich willentlich auf eine andere Schwingung einzustellen, eine Wellenlänge, die über derjenigen der physischen Ebene liegt. Stets aber habe ich mich mit großer Sorgfalt bemüht, das Gleichgewicht zwischen den beiden Bewußtseinsebenen zu bewahren. Wenn mein Gemütszustand beginnt träumerisch zu werden und sich eine nervöse Erschöpfung einstellen könnte, breche ich sofort jeden Kontakt mit der anderen Welt ab. Dann suche ich jeweils Erfrischung und Erholung in Gartenarbeit oder ländlichen Spaziergängen. Alles, was natur- oder erdnah ist, erneuert überbeanspruchte Nervenkraft und reguliert das Gleichgewicht zwischen dem sinnlich Wahrnehmbaren und dem übersinnlichen Leben.

Vielleicht ist die Gabe des zweiten Gesichtes der Grund, weshalb ich in meinem Leben so vielen, vielen Menschen in Bedrängnis und seelischer Not begegnen mußte. Manchmal waren ihre Schwierigkeiten durch Enttäuschung, Mißverständnis, Trennung oder Krankheit verursacht. Oftmals aber war es der Tod eines lieben Gefährten. Ihre Trauer hatte ihren Seelenfrieden und ihre Hoffnung auf ein zukünftiges Glück zerstört. Kein Wunder, daß manche Leute diese Welt ein Tal der Tränen nennen, bedeutet sie doch für so viele Leid, Not und Elend. Das große Elend, dem ich begegnet bin, gab mir den Ansporn, eine Antwort auf diese menschlichen Probleme zu finden. Ich hatte stets gefühlt, daß es eine Antwort geben müsse, ansonsten das Leben keinen Sinn hätte und böswillig grausam wäre, trotz der Versicherung der Religionen, daß es einen liebenden Gott und einen Erlöser der Menschheit gebe. Nur allzu oft tastet der Mensch blindlings und ohne Erfolg nach einer Antwort auf seinen Notruf. Die nachstehende Geschichte ist nur eines von vielen Beispielen:

Ein Elternpaar hatte seinen einzigen Sohn verloren, einen Jungen von 14 Jahren, Bruder eines Mädchens von 17. Alle waren einander zugetan und glücklich. Die jungen Menschen waren vielversprechende Schüler und gehörten zu den Besten ihrer Klassen. Eines Tages wurde der Junge ernstlich krank. Trotzdem alles Erdenkliche für ihn getan wurde, ging es immer mehr bergab und er starb. Die Familie war untröstlich. Religiös wie sie waren, glaubten sie an ein Leben nach dem Tode. Doch als sich dieser Schicksalsschlag ereignete, wurde ihr Glaube einer bitteren Prüfung unterzogen. Des Vaters eigene Worte, als er mir schrieb, waren: «Ich suchte und betete und rief insbrünstig meinen Schöpfer an, doch der Himmel blieb verschlossen. Meine Gebete wurden nicht erhört, nur der Schrei meines eigenen Herzens kam zu mir zurück.»

Nach Monaten der schlimmsten geistigen und seelischen Verfassung wurde er durch ein inneres Gefühl in einen Gottesdienst geführt. Er saß auf der hintersten Bank der Kirche – ein gebrochener Mann. Ich war die Referentin bei dieser speziellen Veranstaltung und bemerkte ein geistiges Licht um diesen Mann, der damals noch ein Fremder für mich war. Dann aber zeigte mir mein zweites Gesicht die geistige Gestalt des Jünglings, der nahe bei seinem Vater stand. Eine telepathische Verbindung entstand zwischen dem Jüngling und mir, doch weiter geschah bei dieser ersten Begegnung nichts. Als der Gottesdienst zu Ende war, erkundigte ich mich nach dem Mann in der letzten Bankreihe und merkte mir seinen Namen. Auf der Heimfahrt überdachte ich einige Begebenheiten, als ich plötzlich eine unbekannte Stimme flüstern hörte: «Bitte schreibe meinem Vater.» In Gedanken antwortete ich: «An wen soll ich schreiben?» Die Antwort kam augenblicklich und ich erhielt den Namen des Mannes in der Kirche. Es wurde spät an jenem Abend und müde wie ich war, wischte ich die Angelegenheit beiseite. Am nächsten Tag war sie vergessen.

Ein wenig zu meinem Ärgernis, denn ich war mit häuslichen Angelegenheiten überlastet, erschien er mir erneut und sagte wiederum: «Bitte schreibe meinem Vater, sage ihm, daß ich lebe und oft bei ihnen zuhause bin. Bitte schreibe sogleich, denn es ist dringend.» Sein Flehen war so stark und so ergreifend, daß ich mich gezwungen sah, mich hinzusetzen, Papier und Feder zur Hand zu nehmen und zu schreiben.

Seine Worte durchfluteten mich. Dies war der Brief eines Sohnes, der seinem geliebten Vater schrieb, von dem er so lange getrennt war. Nun bewies der Sohn seine Identität klar und eindeutig. Er beschrieb viele Einzelheiten, seine Kindheit, seine Habseligkeiten, seine Uhr, wie auch den schon lang verstorbenen Großvater, den er auf der anderen Seite des Schleiers getroffen hatte und von dem diese Uhr ein Geschenk war. Er erzählte auch von Schwester und Mutter und erinnerte an häusliche Einzelheiten, welche seit seinem Tod passiert waren und bei welchen er in seinem Geistkörper tatsächlich anwesend war. Es war in jeder Hinsicht ein Brief der Wiedervereinigung, mit dem der Sohn den Abgrund jener langen Trennung überbrückte, während welcher der «Himmel verschlossen» schien und keine Antwort auf den Notruf des Vaters gekommen war.

Aus des Vaters Antwortbrief an mich ging hervor, daß ihre Herzen im Begriff waren, zu verhärten. In ihrem Kummer hätten sich die Eltern gegen das Schicksal aufgelehnt, als es dem Jungen im letzten Augenblich gelungen war, die Schranke zu durchbrechen. Seine Nachricht hatte ihnen nicht nur Trost, sondern auch eine Offenbarung gebracht. Die Beschreibung des Landes, in welches er gegangen war, hatte den Eltern eine Flut geistiger Erkenntnisse vermittelt. Seither war er für sie nicht mehr «tot», sondern wie neu geboren und ein tiefes, segensreiches Glück wurde ihnen allen zuteil. Es schien beinahe so, als wäre er von ihnen weggenommen worden, um als Tröster zu ihnen zurückzukehren. Sein Kommen bedeutete für sie eine geistige Einweihung, eine Offenbarung von etwas, das ewig ist in des Menschen Seele. Jahrelanges Predigen und

Belehren könnte diese Art der Erleuchtung niemals bringen. Sie kommt als Resultat einer tiefgründenden Erfahrung, die das Wirken einer allmächtigen und allweisen Liebe aufzeigt, die sich um jede individuelle Seele kümmert. Sagt Jesus nicht: «Zwei Sperlinge verkauft man für einen Pfennig und dennoch fällt keiner vom Dach, ohne daß es euer Vater wüßte. Sogar die Haare auf euerem Haupt sind gezählt.»

Ich entsinne mich, daß ich während des letzten Krieges von einer mir fremden Frau einen Brief erhielt. Sie war eine gebrochene Mutter, denn sie hatte 2 Wochen zuvor ihren Sohn, einen Fliegerpiloten, verloren und benötigte dringend Trost und Hilfe. Als ich diesen Brief durchlas, war augenblicklich eine Verbindung hergestellt, und die Persönlichkeit des Sohnes stand lebendig vor mir. Da war er, ein lächelnder, charmanter junger Mann, der von Lebenslust übersprudelte. Er war überglücklich, daß endlich ein Erdenmensch ihn sehen und hören konnte. Nicht nur war die Erscheinung sehr deutlich und die Stimme prägnant, sondern auch seine besondere Persönlichkeit, seine rasche Sprechweise und seine ungewöhnlichen Gebärden waren für mich restlos überzeugend. Dann kam seine Botschaft an die Mutter, die er hervorsprudelte und die ich mit seinen eigenen Worten und in seinem eigenen Stil niederschrieb. Er erinnerte sie an sein Leben zuhause und sprach von Hoffnungen und Plänen, die er vor seinem plötzlichen Tod gehegt hatte. Dieser junge Mann war wahrhaftig nicht tot, sondern so lebendig wie er immer gewesen war. Er machte ihr klar, daß er sein angefangenes Projekt noch immer verfolge, und daß ihm sehr daran gelegen sei, mit dieser wichtigen Arbeit fortzufahren. Später sollte es sich herausstellen, daß er durch diesen Kontakt in der Lage war, seine Mutter und seine Freunde zu beeinflussen, daß sein großer Wunsch, die Errichtung eines Unternehmens, wo Jugendliche im Dienst für andere geschult würden, verwirklicht werden konnte. Es schien so, als wäre es die gottgewollte Mission dieses jungen Mannes, in seinem Seelenkörper auf der Erde zu wirken, um in einem größeren Rahmen Gutes zu tun. Es war ein Glück, daß seine Mutter gewillt war, auf ihn zu hören, und von ihm, dem nunmehr im Jenseits Lebenden, geführt zu werden.

Dies sind lediglich zwei Fälle von vielen hunderten, die man als «spontane Kommunikation» aus dem Jenseits bezeichnen könnte. Etwas wie eine ätherische Brücke zwischen den beiden Lebenssphären schien für mich errichtet worden zu sein.

Ich bin überzeugt, daß Schmerz und Verzweiflung der Trauernden einen dichten, dunklen Vorhang zwischen diese beiden Welten schieben, während Optimismus, selbstlose Liebe, Glaube und Vertrauen auf ein Weiterleben in besseren Bedingungen bewirken, daß dieser Vorhang viel dünner wird, so daß für die Wissenden zwischen «hier» und «dort» kaum noch eine Trennung besteht.

Ich entsinne mich einer Frau, die zu mir gekommen war, nachdem sie ihren Mann verloren hatte. Ihr Schmerz und ihre Trauer waren mitleiderregend, denn sie machte sich Vorwürfe, daß sie ihn während ihres gemeinsamen Lebens vernachlässigt hatte. Sie dachte ständig an verschiedene Episoden während seiner letzten Krankheit und konnte es weder glauben noch annehmen, daß die Zeit für ihren Mann gekommen war, eine erweiterte Tätigkeit in einer glücklicheren Lebenssphäre anzutreten. Während unserer ersten Zusammenkunft war sie untröstlich und ich konnte wenig tun, so dicht war sie in Schmerz und Selbstmitleid eingehüllt. Ich sagte ihr, daß ihre Gemütsverfassung jeglichen Trost von Seiten ihres Mannes verunmögliche und die subtilen Schwingungen, die ein Teil der geistigen Welt seien, könnten ihre Dunkelheit nicht durchdringen. Schmerz und Selbstmitleid, die für gewöhnlich bei einem Tod so überhand nehmen, stürzen nicht nur die Trauernden in Verzweiflung, sondern vereiteln jeden Versuch einer Annäherung aus den jenseitigen Sphären, wo ihre Lieben glücklicher und gesünder sind als je zuvor.

Als ich diese Dinge der unglücklichen Witwe erklärte, wurde sie allmählich ruhiger und der Nebel um sie begann sich aufzulösen. Dann sah ich nahe bei ihr die geistige Gestalt ihres Mannes. Langsam überzeugte er sie durch meine Vermittlung von seiner Existenz, durch seine Art des Redens, seiner Gedanken und Gebärden, indem er ihr viele Einzelheiten aus ihrem gemeinsamen Leben in Erinnerung rief. So bewies er ihr seine Identität und allmählich glaubte sie, daß er noch immer lebe und war sehr getröstet. Seine Beweise sind zu persönlich, um hier wiedergegeben zu werden, doch sie schrieb mir: «Heute nacht träumte ich von meinem Mann. Er nahm meine Hand und drückte sie. Ich fühlte es ganz deutlich, ehe ich erwachte. Das war ein außerordentlich tröstlicher Traum, er preßte meine Hand so warm und liebevoll. Ein anderes Mal schlief ich ein, während ich einen Brief schrieb, und träumte von ihm. Er sagte, er hätte mir 6 Botschaften gesandt, von denen ich aber nur 2 erhielt.»

Später schrieb sie mir: «Ich hatte wieder das Glück, mehrere Male von meinem Mann zu träumen und jedesmal sah ich ihn ganz deutlich. Ich sehne mich jetzt mehr denn je nach einer neuen Gelegenheit, ihm vermehrte Sympathie und Liebe zu zeigen.»

Der Kontakt zwischen den Lebenden und den Toten wird, so glaube ich, zuerst auf einer höheren Ebene vorbereitet. Ferner bin ich davon überzeugt, daß in der geistigen Welt eine exakt genau arbeitende Organisation besteht, mit deren Hilfe in Sympathie verbundene Freunde auf beiden Seiten des Schleiers miteinander in Verbindung gebracht werden können. Das will besagen, daß im Jenseits Wesen sind, die für diesen speziellen Dienst bereit stehen, um Freunde, die der Tod getrennt hat, zusammen zu bringen, wenn die Bereitschaft hierfür existiert und sie die Möglichkeit zu einer solchen Kommunikation anerkennen. Dann kann die Verbindung durch die Kenntnisse dieser Helfer hergestellt werden. Es handelt sich hierbei um die geistigen Gesetze des «in Einklang bringens», die von den Unwissenden nicht voll verstanden und gewürdigt werden. Es ist nicht so, daß hier Geister zitiert werden. Vielmehr suchen sie uns auf, wenn dies zum Wohl aller beiträgt, und sie geben sich unendlich Mühe, die Kluft zu überbrücken.

Diejenigen, die uns vorangegangen sind, kommen von den Reichen des Lichtes zu uns zurück, weil sie uns lieben. Es muß aber zugleich gesagt sein, daß es andere Geister gibt, die von dieser Welt in einem Zustand der Finsternis, der Schwere und ohne Liebe weggegangen sind, weil ihre Herzen in Selbstsucht, Habsucht und Begierden verstrickt waren. Diese können nicht in ein Reich von Harmonie und Schönheit eingehen. Trotzdem finden sie Verständnis und Freundlichkeit, sobald sie Hilfe suchen. Diejenigen hingegen, die auf Erden einfach lebten und ihre Mitmenschen liebten, werden in einer Welt von großer Schönheit bald Gefährten finden. Sodann werden sie mit Wesen größerer geistiger Macht und Erleuchtung in Kontakt gebracht, die sie in den neuen Wegen des Lebens belehren.

Erwarte nicht, daß du in der Welt des Geistes sogleich alles verstehst und fähig sein wirst, alles zu katalogisieren. Denn versuchtest du dies, würdest du das Universum einschränken. Versuche vielmehr die höheren Welten als harmonische und vollkommene Auswirkung zu verstehen, oder als den Ausdruck eines Gesetzes, das genau ist, doch stets sich erweiternd. Sei dir bewusst, dass du die Unendlichkeit betrittst, wenn du in der geistigen Welt bist.

Ich will versuchen, dies zu illustrieren. In Beantwortung eines Briefes von einer Trauernden schrieb ich einst: «Ihr Gatte ist zu mir gekommen, während ich diesen Brief schreibe. Er läßt Ihnen sagen, daß es keine Trennung zwischen Ihnen und ihm zu geben braucht, nicht einmal jetzt, wenn Sie nur mit Hilfe Ihrer Vorstellungskraft sich ihn lebendig und glücklich vorstellen wollten, von Ihnen nur dadurch getrennt, daß Sie ihn in seinem feinstofflichen Körper nicht sehen können, da er jetzt noch ausserhalb Ihres physischen Sehvermögens ist. Das jedoch hält ihn nicht davon ab, in Ihr Heim zu kommen, um gemeinsam der Musik zu lauschen, die Ihr beide so sehr schätzt. Er sagt wörtlich: ‹Obwohl ich mir die größte Mühe gebe, damit du mich siehst und nahe bei dir fühlst, ist mir dies nicht möglich, denn ich kann nicht so leicht zu dir herunter kommen, wie du zu mir *herauf* kommen könntest. Versuche, durch Gebet und Imagination dir diese höhere Lebenssphäre vorzustellen. Das gilt für die Stunden, in denen du wach bist. Wenn du schläfst, können wir uns treffen, denn du verläßt dann deinen Körper und ich warte auf dich. Miteinander können wir dann mein Heim in der geistigen Welt aufsuchen, oder besser *unser* Heim, denn es gehört auch dir. Tatsächlich haben wir es zusammen erschaffen, doch du erinnerst dich an diese gemeinsamen Erlebnisse nicht mehr, wenn du des Morgens aufwachst. Trotzdem kannst du dich im Glauben üben, daß du zu mehr als nur *einer* Welt gehörst. Du mußt versuchen, dich von der Idee abzubringen, daß dichte, physische Materie die einzige Art von Materie ist, die existiert. Es gibt viele Grade feinstofflicher, ätherischer Substanzen, welche anderen Sphären Form verleihen, viele verschiedene Stufen von Lebenssphären, jede schöner als die irdische. Du mußt lernen, ‚wahr' zu träumen. Das kannst du tun, wenn du dir mit deiner intensivsten Vorstellungskraft die Sphäre vergegenwärtigst, in der ich mich befinde. Hier ist es, wo alle unsere hohen Ideale und Hoffnungen in Form von Schönheit und Vollkommenheit ihren Ausdruck finden – in diesem unserem geistigen Heim, wo ich dauernd lebe und du mich von Zeit zu Zeit besuchst. Dieses Heim ist tatsächlich eine Verwirklichung all unserer ehemaligen Hoffnungen und Träume, welche hier in meiner Umgebung sichtbar geworden sind.›»

Der Antwortbrief der Frau war beeindruckend. In ihm stand, daß ihr gemeinsames Interesse gute Musik war. Zudem hatten beide große Freude an der Gestaltung ihres Heimes und Gartens empfunden. Ihr Mann sei beides, künstlerisch und idealistisch und sie könne gut verstehen, daß sein «Himmel» genau die Form angenommen habe, die er beschrieb. Trotzdem sei sie immer noch in einem Zustand von Dunkelheit und fühle sich verzweifelt einsam. Ich erklärte ihr, daß sie ihren Himmel nur in ihrer eigenen Seele finden könne, daß sie Selbstmitleid überwinden und ihre Gedanken beim Glück ihres Gatten weilen müßten und nicht bei ihrem eigenen Unglück, daß sie versuchen müsse, so an ihn zu denken, wie er *jetzt* sei und an das Heim, das er ihr beschrieben habe. Dann schrieb ich: «Sie werden allmählich finden, daß der dichte, dunkle Schleier, der zur Zeit undurchdringlich scheint, dünner wird, und Sie werden *mit Sicherheit wissen*, daß Sie beide im Geist miteinander verbunden sind. Später werden Sie es ganz natürlich und einfach finden, mit ihm in dieser anderen Welt, die Sie mitbauen halfen, zu sein, wann immer Sie es wünschen. Seien Sie sich aber auch bewußt, daß Sie Ihr Leben und Ihre Aufgaben hier auf Erden haben, welche nicht vernachlässigt werden dürfen. Bedenken Sie weiterhin, daß nichts entstehen kann, ohne daß es zuvor in *Gedanken gestaltet wird,* sei es in dieser oder in der nächsten Welt. Die gesamte Schöpfung ist ein Werk göttlicher Gedanken.»

Nach einigen Wochen erhielt ich einen neuen Brief von ihr. Sie war ganz verändert und voller Freude, denn endlich war die Dunkelheit gewichen und sie begann, geistige Lichtblicke zu haben. Ihr Gatte hatte seine eigene Methode, in ihr Bewußtsein einzudringen. Sie war nun davon überzeugt, daß er ihr zu Zeiten sehr nahe war. Zudem erwachte sie des Morgens mit flüchtigen Erinnerungen an eine himmlische Welt und manchmal während des Tages gelang es ihm, ihr auf seine eigene Art seine Gegenwart anzudeuten, und die angewandten Methoden waren charakteristisch und überzeugend.

Ich habe diese wenigen Beispiele aus vielen tausenden von Fällen ausgesucht. Alle waren trauernde Hinterbliebene, die von der geistigen Welt her aufgesucht wurden, um Beweise zu erhalten, daß ihre Lieben nach dem Tode *weiter leben.* Mein eigenes Wirken dauert nunmehr über 60 Jahre, doch ich arbeite nicht allein. Mein innig geliebter geistiger Führer, der unter dem Pseudonym «White Eagle» bekannt ist, hilft mir und leitet mich. In sehr vielen Fällen hat er nicht nur praktische Beweise über das Leben nach dem Tode gebracht, sondern zeigte auch außerordentliche Kenntnisse, wie jene in der geistigen Welt zu finden sind, die durch den Tod von ihren Freunden getrennt wurden und mit ihnen wieder zusammengebracht werden können.

Das vorliegende Werk ist zur Hauptsache White Eagles Buch und ihm gebührt meine Dankbarkeit für seine liebevolle Sorge über viele Jahre.

Grace Cooke

I.

DER WEG UND DIE WAHRHEIT

Wir sind der Ansicht, daß die Angst vor dem Tode, Angst vor dem Übergang vom sterblichen in das geistige Leben des Menschen größtes Schreckgespenst ist. Diese Furcht scheint mit der Entwicklung eines sensitiveren Nervensystems zuzunehmen. Dennoch können einige von euch sagen, daß sie keine Angst mehr vor dem Tode haben. Ihr dürft durch den immer durchsichtiger werdenden Schleier in vollem Vertrauen und glücklicher Erwartung einer höheren geistigen Existenz entgegensehen. Statt Trauer zu empfinden, könnt ihr euch freuen, wenn einer eurer Nächsten von der großen, mitfühlenden Mutter, auch Todesengel genannt, besucht wird. Er kommt zur festgesetzten Stunde, um das Tor zwischen dieser und der nächsten Welt aufzuschließen. Denkt vor allem an die Freude, mit welcher der geliebte Mitmensch in einen Sonnengarten hinübergeht, sobald das Tor weit offen steht. Wenn auch du dich bei einer solchen Befreiung wahrhaft freuen kannst, hast du einen großen Schritt vorwärts getan.

Es dürfte euch helfen, wenn wir euch sagen, daß es zwei Aspekte des Lebens gibt. Der eine Aspekt bezieht sich auf das äußere Dasein, in welchem der Mensch für gewöhnlich lebt. Der andere Aspekt bezieht sich auf das innere oder geistige Dasein, welches verhältnismäßig nur wenige verstehen und leben. Der Alltagsmensch lebt meist in einer Welt, die vollständig materiell erscheint, manchmal über etliche Inkarnationen hinweg. Doch manchmal wird ein solcher Mensch derart von Sorgen und Schwierigkeiten erschüttert, daß er sich nach jener anderen Welt sehnt. Normalerweise, wenn alles gut geht, ist er zufrieden. Heute, so hoffen wir, erwacht eine zunehmende Zahl von Menschen zum Bewußtsein des geistigen Lebens.

Laßt uns die innere, geistige Welt, von der wir reden, ein wenig betrachten. Einigen von euch erscheint sie als eine rein mentale Welt, denn sie erleben sie durch ein Sichzurückziehen vom äußeren Dasein in einen geistigen Zustand, in welchem es scheint, daß man in einer reinen Gedankenwelt lebt. Man sagt euch oft, daß ihr in einer Welt der Gedanken leben werdet, wenn ihr das irdische Leben verlassen habt. Ihr werdet aber entdecken, daß dies nicht nur eine Welt der Gedanken, sondern auch der Gefühle ist. Die Gedankensphäre ist der physischen Welt am nächsten. Wenn du durch die Mentalwelt hindurchdringst, erreichst du eine Welt der Gefühle und Emotionen. Ihr alle lebt in dieser Welt der Emotionen, und euer Gefühlsleben ist auch von der Gedankenwelt um euch, durch die Gedanken anderer, beeinflußt.

Das Erkennen deines eigenen Gefühlsleibes, oder Emotionalkörpers und die Kontrolle über denselben, ist die allererste Lektion, die erlernt werden muß, wenn du eine geistige Innenschau entwickeln willst, denn unbeherrschte Gefühle können einen Sturm entfesseln. Entsinnst du dich der Geschichte der Jünger auf dem See Genezareth? Der Meister schlief im Boot, als der große Sturm ausbrach. In ihrer Angst riefen sie nach ihm, der sich im Boot erhob und dem Sturm und den Wellen befahl, sich zu beruhigen. Das Boot ist ein Symbol der Seele. Unter «Seele» verstehen wir den eigentlichen Menschen, das eigentliche Ich der Gefühle, der Interessen, der Sympathien und Antipathien, der Erinnerungen, der Sentimentalitäten, der Zuneigungen und dessen, was man liebt und nicht liebt. Mit anderen Worten, das Ich, das inwendig im äußeren Menschen wohnt, das mittels der physischen Augen schaut, mit der Zunge redet und mit dem Gehirn denkt, ist dasjenige, was den Tod überlebt und in höhere Reiche eingeht. Das Wasser ist das Symbol für die Emotionen, und der Meister ist der Christusgeist im Inneren, der allein den Sturm der Emotionen beherrschen kann. Um dich vor unliebsamen, störenden Gedanken zu schützen, um deinen emotionalen Körper beherrschen zu lernen, mußt du die Liebe Gottes suchen, die Liebe Christi. Bitte darum und erstrebe, diese Liebe zu werden.

Die inneren Welten sind feinstofflicher Art

Jedes Menschenwesen besteht aus Substanzen, die identisch sind mit den Substanzen der verschiedenen Lebenssphären. Wir sprechen nicht nur vom physischen Körper. Ihr habt noch feinere Körper und jeder besteht aus der Substanz der Ebene, auf der er tätig ist. Die Planeten eures Systems sind mit Wesen bevölkert, die aus derselben Substanz bestehen, wie die Planeten auf denen sie leben. Sonnengeister, oder Sonnenwesen leben auf der Sonne und ihre Körper bestehen aus derselben Substanz wie die Sonne. Gleichermaßen habt ihr eure höheren oder feineren Körper, die aus Substanzen bestehen, die identisch sind mit jenen der höheren Welten, auf denen sie tätig sind. In dem Grade, in dem ihr Kontrolle über eure Wünsche und Emotionen erlangt, werdet ihr erlernen, diese feineren Körper zu gebrauchen, um mit den höheren oder inneren Welten in Kontakt zu kommen.

Heftige Emotionen sind für die feineren Körper gleichermaßen niederreißend, wie reine und schöne Gefühle aufbauend sind, denn die letzteren sind schöpferische Gotteskräfte, während ungezügelte Emotionen zerstörende Kräfte enthalten. Aus diesem Grunde betonen wir die Wichtigkeit der Gefühlsbeherrschung als einen ersten Schritt zum Erreichen eines bewußten Kontaktes mit den inneren Welten.

Durch Gebet und Meditation können wir in die inneren Welten von unendlicher Liebe und Schönheit tiefer eindringen. Wenn eine Seele aus ihrem Körper austritt, steigt sie stufenweise durch die niederen Ebenen zu himmlischen Welten von unendlich feinerer Substanz. Doch erscheint diese himmlische Welt denen, die sie bewohnen, genau so solide, wie dir deine Welt erscheint. Die Menschenwesen in jenen Welten strahlender Farben und vollendeter Formen verkehren miteinander harmonisch. Sie verrichten Arbeit, doch ihre Arbeit ist ruhig, besonnen und heiter. Es ist eine Welt der Liebe, es ist Gottes Welt.

Es ist der Himmel. Wenn die Seele dort ankommt, wird sie sich einer machtvollen Erkenntnis bewußt, der Erkenntnis Gottes und seiner allgegenwärtigen Liebe. Obwohl es nicht leicht ist, kannst du, du selber, so du dies wünschest, diese Welt, während du noch auf Erden weilst, erreichen. Während einer tiefen Meditation beispielsweise ist es möglich, daß du dir eines wunderbaren Friedens und einer großen Harmonie bewußt wirst, wie auch einer Bewußtseinserweiterung, die weit über diese Welt von Raum und Zeit hinaus reicht. Dann bist du «in Einklang» mit dem Himmel. Alle liebenden Seelen, Menschen, wie man sie überall findet, gehen nach ihrem Tode in dieses himmlische Leben ein. Dies geschieht aber nicht immer sofort, vielmehr müssen sie zuvor gewisse Stufen durchlaufen, sich gewissen Prüfungen unterziehen, so wie ihr in eurem täglichen Leben Prüfungen bestehen müßt.

Verklärung und Auferstehung

Es wurde oft kritisch bemerkt, daß die Evangelien wenig über das Leben nach dem Tode, über ein «Diesseits» und ein «Jenseits», aussagen. Jesus betonte umso mehr, daß alle Wahrheit in dem einfachen Wort «Liebe» enthalten sei. Er sagte: «Liebet einander», und «Liebe ist die Erfüllung des Gesetzes».

Jesus kümmerte sich nicht ausschließlich um die geistige Welt, auch nicht um den physischen, intellektuellen und emotionellen Aspekt des menschlichen Wesens. Er teilte das Leben nicht in einzelne Abschnitte ein, sondern betrachtete die Existenz des Menschen als Ganzes. Er hatte das Geheimnis des vollkommenen Lebens erkannt wie auch das Geheimnis der Kontrolle über alle Aspekte seines eigenen Wesens. In ihm gab es keine Trennung, denn der Christus in ihm umfaßte das ganze universelle Leben. Deshalb sah er keinen Grund, das Diesseits vom Jenseits zu trennen. Für ihn gab es keinen Tod, nur ewiges Leben.

Wer vom Joch der Angst vor dem Tode befreit werden möchte, muß lernen, die Lehren Christi anzuwenden und zu leben. Jesus, der seinen physischen Leib vervollkommnet und völlige Selbstbemeisterung erlangt hatte, wurde zum vollendeten Gefäß für das Wirken des Christus. Er sagte: «Wer an mich glaubt, wird die Werke, die ich tat, auch tun können.» Nur wenige Menschen versuchen die Gegenwart Christi in sich zu verwirklichen. Doch muß die wahre Freude des geistigen Lebens erarbeitet werden. Wenn du dich in deinem Herzen wahrhaft danach sehnst, fließt in deine Seele und in dein Leben das Licht Christi. In dem Maße, in dem dieses Licht in dich einzieht, findest du die Wahrheit tief in deinem Herzen und dein äußeres Leben beginnt sich zu wandeln, denn du kannst in der Unwahrheit nicht leben. Der Prozeß des Wiederaufstiegs hat begonnen, du hast den zum Himmel emporführenden Pfad betreten.

Vielleicht verstehst du jetzt, warum Jesus über das Leben nach dem Tode nicht viel sagte. Er wußte, daß hierfür keine Notwendigkeit bestand und daß seine Jünger den Tod überwinden würden, wenn sie das Gesetz, das er ihnen enthüllte, anwendeten. Er demonstrierte ihnen dies auf zwei Arten. Einmal durch seine Verklärung, als er drei von ihnen auf den Hügel mitnahm. Mit anderen Worten, er erhöhte ihr Bewußtsein und bat sie, mit ihm zu wachen, so daß sie das wahre Leben beobachten konnten. Nicht nur waren die Jünger fähig, das Licht der Liebe durch seinen Leib hindurchstrahlen zu sehen, sie sahen in diesem Licht auch die Gestalten anderer Wesen. Jesus war von der Herrlichkeit des Christus durchstrahlt.

In der Auferstehung gab Jesus den wunderbarsten Beweis, wie die Macht des Christusgeistes die irdischen Atome in eine höhere Daseinsform umzuwandeln vermag.

Der Geist Gottes, der Sohn Gottes, der Christus, hatte vollbewußt durch den Leib Jesu gewirkt und dessen physische Atome so gereinigt und gewandelt, daß sie zu Licht wurden. Alle physischen Körper werden so verwandelt, wenn das Licht Christi in ihnen wohnt. So erleuchtet, werden sie zu Licht. Licht ist ein anderes Wort für Leben – das ist alles. Leben ist Gott. Die Atome des Leibes Jesu wurden in Licht verwandelt und verschwanden dann aus dem irdischen Sehbereich. Trotzdem war es immer noch der gleiche Leib. Wenn des Menschen Herz durch das Christuslicht gereinigt ist, wird ihm sein geistiges Auge geöffnet und der Himmel enthüllt. Wahre Liebe, die aus dem Innern kommt, wird ihn befähigen, die Wahrheit zu erkennen und über die Grenzen von Leben und Tod hinaus in das jenseitige Leben zu schauen.

II.

IMMERWÄHRENDES LEBEN

Oft werden wir gefragt, wie das Leben in der geistigen Welt wirklich sei. Meine Freunde, wenn ihr in einen anderen Kontinent reist und später versuchen wolltet, diesen Kontinent zu beschreiben, würdet ihr einsehen, daß Worte so wenig aussagen. Außerdem würden allmählich eure Zuhörer von den Beschreibungen ermüden. Die Erfahrungen jeder neu im Jenseits angekommenen Seele sind individuell, je nach Charakter, nach den Umständen und nach den Reaktionen der betreffenden Seele. Was der einen Seele tiefempfundene Freude bedeutet, kann für eine andere langweilig sein. Deshalb können wir sagen, daß das Leben in der geistigen Welt große Ähnlichkeit mit dem Leben auf der Erde hat, denn sie ist der irdischen Welt viel näher als man denkt. Andererseits aber ist die feinstoffliche Materie der geistigen Welt nicht so dicht, nicht so solid, sondern bedeutend formbarer als die irdische Materie, erscheint jedoch ihren Bewohnern so solid, wie die irdische Welt den Menschen erscheint. Der Hauptunterschied ist, daß Leben und alle Substanz der geistigen Welt eine höhere Frequenz, eine raschere Schwingung hat, als die irdische.

Das erste, das man beim Erwachen im Jenseits erblickt, ist eine Welt eigener Prägung. Hat man selbstsüchtig gelebt, dann sind die Menschen, die einen umgeben, auch selbstsüchtig, denn gleich und gleich zieht sich an. Ein Mensch, der auf Erden dem Mammon verfallen war und Reichtümer liebte, wird nachher sehr arm sein und in ärmlichen Verhältnissen leben. Mit wenig geistiger Substanz zu seiner Verfügung, hat er nur wenig, mit dem er sein Heim im Jenseits aufbauen kann. Seine Umgebung wird ein Spiegelbild seines Inneren sein.

Das Leben eines Menschen, so wie er es auf Erden lebte, wird in das geistige Leben übertragen, jedoch mit einem Unterschied. Alles was grob, widerlich und häßlich ist, wird in der geistigen Welt verstärkt hervortreten und schwieriger zu verschleiern sein. Alles wird hier intensiver erlebt. Genauso verhält es sich mit dem freundlichen, liebevollen und verfeinerten Leben, das sich in Schönheit, Kunst, Wissenschaft und in der Harmonie im Menschen mit der Natur ausdrückt. Alle diese Dinge kommen dort ebenfalls intensiver zum Ausdruck, sowohl im Menschen als auch in seiner Umgebung. Die meisten Seelen sind überglücklich vor Freude, wenn sie die Schönheit der neuen Welt erblicken, wenn sie das Göttliche in der Natur, in der Kunst, in der Musik, in der Wissenschaft, in der Heilkunst und in der Engelwelt sehen. Sie entdecken, daß sie in der Lage sind, das *Innere* zu sehen, statt nur das Äußere wie früher. Sie empfinden das innere Leben als Ausdruck von allem was wahr, gut und schön ist, als Ausdruck Gottes. Wir können das Wunderbare und vor allem die Freiheit in der geistigen Welt kaum beschreiben. Die dort lebenden Seelen brauchen lediglich zu denken oder zu wünschen, an einem bestimmten Ort zu sein, und sie sind dort. Sie müssen sich einen Garten mit schönen Blumen nur intensiv genug ausdenken, und sie sind mitten drin. Sie müssen lediglich etwas ersehnen, erhoffen, erträumen und daran denken, und ihre Träume und Gedanken werden wahr.

Das Leben nach dem Tode bringt größere und tiefere Freude und mehr Möglichkeiten, als das Leben auf der Erde je vermitteln kann. Wahres Streben bringt dort der Seele Erfüllung, während man auf Erden träumt und hofft, immer aber durch äußere Umstände und sein Schicksal eingeschränkt ist. In der geistigen Welt ist der Mensch befreit. Wenn er Gott wahrhaft liebt und sich bemüht, Gott in sich zum Ausdruck zu bringen, gelangt er in diejenigen Umweltbedingungen, nach denen sich seine Seele sehnt, mit der Möglichkeit zu studieren, zu arbeiten oder zu forschen. Alle diese kreativen Freuden stehen ihm offen.

Ihr fragt euch oft, ob man in der geistigen Welt auch ißt und trinkt. Warum nicht? Natürlich essen wir nicht das Fleisch von Tieren, sondern Früchte, die in der geistigen Welt wachsen. Das Leben hier ist völlig natürlich. Wir sind keine kraft- und saftlosen Wesen. Wir sind vollkommen normale Leute mit Körpern, Heimen und Gärten und allen anderen Dingen, die wir brauchen. Wir leben ein ganz natürliches, normales Leben. Ihr meint, wir hätten keinen Leib. Doch ihr irrt euch. Wir haben ätherische, astrale und mentale Körper, doch ihr könnt sie nicht sehen. Auch ihr habt diese anderen Körper, und je höher ihr euch entwickelt, desto mehr entwickeln sich diese Körper.

Nicht nur ihr, sondern auch wir streben nach höheren Welten. Wir sind nicht nur auf eine einzige Ebene beschränkt. Wir leben zwar auf einer Existenzebene, die wir beruhigend und angenehm finden, doch es gibt höhere Sphären, nach denen wir streben können, wenn wir gelernt haben, sie zu finden. Aber auch wir können nicht für immer auf den höchsten Höhen, sozusagen auf dem Gipfel des Berges, leben.

Wir möchten die Natürlichkeit und die Schönheit unseres Lebens betonen. Doch ist es die Qualität des Bewußtseins, die entscheidet, für uns wie für euch, *wohin* die Seele während des Schlafens und nach dem Tode des physischen Leibes geht.

Wir möchten auch vom Mutteraspekt in der geistigen Welt sprechen, denn auf Erden scheinen viele Frauen zu einem Leben der Enttäuschung oder Einsamkeit verurteilt zu sein. Sie entbehren die Kameradschaft eines Gatten und haben weder Familie noch Kinder. In der geistigen Welt hingegen hat jede Frau Gelegenheit, ihrer Mütterlichkeit Ausdruck zu geben, wenn ihre Seele danach verlangt, genauso wie ein Mann den schaffenden Künsten nachgehen kann, nach denen er sich während vieler Erdenjahre bewußt oder unbewußt gesehnt hat.

Alle Welten sind EINS

Eingeschlossen in seinen physischen Körper hat der Mensch einen zweiten Leib, genannt Ätherleib, der den physischen Körper durchdringt, wie Wasser einen Schwamm. Dieser Ätherleib ist mit dem Nervensystem eng verbunden. Deshalb registriert er alle Empfindungen, die guten wie die schlechten. Wenn er z. B. durch eine Narkose aus dem physischen Körper getrieben wird, fühlt der letztere keine Schmerzen mehr. Der Ätherleib ist auch eine Art Brücke, über welche die Seele mit geistigen Wesen Kontakt aufnehmen kann. Er besteht aus zwei Teilen, einem höheren, der sich nach dem Tod mit dem Astralleib verbindet und einem niederen, der mit dem physischen Körper eng verbunden bleibt. Man weiß von ihm, daß er oftmals nach dem Tode des physischen Körpers an die ehemaligen Heimstätten wie Haus, Garten, oder Feld, gebunden ist, und daß er sich an Orte, die er kennt, unter anderem auch an den Friedhof, klammert – oft der Geist des Verstorbenen, oder Gespenst genannt. Er ist nicht das wahre Selbst, sondern lediglich ein Gegenstück, etwas, das ihm ähnlich sieht. Was man im Volksmund einen Geist nennt, ist eben nichts anderes als diese ätherische Emanation, die nach dem Tode des physischen Körpers zurückbleibt. Sie ist manchmal für lange Zeit erdgebunden, normalerweise aber zerfällt sie mit dem Körper.

Ein weiterer Leib ist der Astralleib, der die Emotionen und Gefühle registriert und ebenfalls den physischen Körper durchdringt. Der Mensch lebt eng verbunden mit seinem Ätherleib und Astralleib und fühlt durch diese Schmerz und Vergnügen, Liebe und Haß, Furcht und Hoffnung sowie Sinneseindrücke und Emotionen aller Art. Der physische Körper ist nichts anderes als ein Gewand oder eine

Hülle. Wenn diese beiseite gelegt wird, lebt die Seele in ihren subtilen Körpern weiter. Es ist dieselbe Persönlichkeit, welche diese Körper bewohnt. Da ist nichts, vor dem man Angst haben müßte und kaum etwas allzu Befremdliches in der Erfahrung des Todes.

Jenseits der astralen Ebenen, die man sich als eine Reihe erdähnlicher, jedoch feinstofflicher Welten vorstellen kann, ist die Mentalebene, die Ebene des Mentalleibs, der ebenfalls ein Teil des Menschen ist. Jetzt kommen wir schon näher zum höheren Selbst, dem himmlischen Körper, herrlich in seiner Erscheinung und leuchtend im strahlenden Licht. Jedes Menschenwesen hat einen solchen himmlischen Leib, vorerst jedoch noch unentwickelt. Im Laufe sehr vieler Leben entfaltet er sich und ist in Wahrheit der Tempel des Geistes.

In diesen himmlischen Welten wohnen die Hierarchien der Engel, die Heiligen und vollendeten Seelen aller Zeiten, ja alle Seelen, die durch das große Leiden der Erdenwelt hindurch gegangen und mit dem göttlichen Gesetz der Liebe im Einklang sind.

Wir hören einige von euch sagen: «Wir wollen doch nur ähnlich weiter leben wie hier auf Erden und nicht in einen ungewissen Himmel entschwinden. Wir sind glücklich, wenn wir uns an gewohnte Dinge halten können.»

Im Unterbewußtsein aber sehnen sich die meisten von euch nach einer besseren Welt. Auf gewisse Weise fühlt ihr euch dem geistigen Leben verbunden und das mit Recht, denn es ist eure wahre Heimat. Ihr kamt von der Welt des Geistes, um im Körper zu leben, wo ihr eine Zeitlang gefangen seid, bis ihr gelernt habt, frei zu werden. Eure Intuition sagt euch, daß ihr zu einem bestimmten Zweck und nach einem bestimmten Plan von einer viel schöneren Welt auf die Erde gekommen seid, und daß der große Architekt, der Schöpfer des Universums, den Plan für eure vielen Leben in Seiner Hand hält. Ihr seid wie Kinder, die wieder zur Schule müssen. Im Unterbewußtsein weiß eure Seele, daß ihr hier seid, um zu lernen und gewisse Kenntnisse zu erlangen, obwohl dies eurem Gedächtnis entschwunden ist. Euer tägliches Leben, das euch so schwierig erscheint, euer Körper, den in Schwung zu halten ihr als lästig empfindet, dieses Leben und diese Körper sind in Wirklichkeit Einschränkungen, die eure Entwicklung beschleunigen und euch helfen, eure Seele zur Entfaltung zu bringen. Um frei zu werden von den Ketten eures physischen Lebens müßt ihr gute Seeleneigenschaften entwickeln. Wir meinen hier nicht frei durch den Tod, denn der Tod befreit euch nicht notwendigerweise von diesen Ketten. Man kann sich von den Einschränkungen des niederen Selbst nur durch eigene Anstrengung befreien. Hat man sich einmal befreit, kann man in die himmlische Welt des Friedens, der Glückseligkeit, der Schönheit und der Freude eintreten.

Ihr mögt uns fragen, wer euch denn während eurer langen Pilgerreise am besten helfen könne. Wir antworten euch, daß ihr einen Lehrer oder geistigen Führer habt, der euch besonders nahe steht, vielleicht während vieler Leben. Ihr habt ebenfalls eine Anzahl Helfer, die euch in besonders schwierigen Zeiten beistehen. Diese nennt man manchmal auch «geistige Führer», aber zu unrecht. Euer persönlicher Führer, welcher aus einer höheren Schwingungsebene zu euch kommt als die Helfer, spricht durch die Stimme eures höheren Selbstes, eures Gewissens zu euch, oder, wie man es auch oft nennt, durch die Stimme Gottes.

Der Ausspruch «am Ende wird alles gut» ist absolut wahr. Es muß und es wird alles gut werden. Warum also hast du Angst? Du kannst viele Unannehmlichkeiten erfahren und dennoch glücklich sein. Es hängt alles davon ab, wie du dich auf diese unangenehmen Dinge einstellst. Wenn du dich dem Willen Gottes überlassen kannst, findest du inneres Glück und große Freude. Immer erhältst du wunderbare, liebevolle Hilfe von den Unsichtbaren. Sie sind stets bereit und glücklich, etwas für dich tun zu können, das dir Segen und Kompensation bringt. Auch wenn du durch Schicksalsschläge lernen mußt, erhältst du einen gerechten, segensreichen Ausgleich.

Sie vergessen dich nicht, sondern möchten dir helfen, können aber nur bis zu einem bestimmten Punkt zu dir heruntersteigen. Alles ist eine Angelegenheit der Schwingung, der Harmonie und des Angleichens. Die Erde hat eine langsame Schwingung. Ihr Sterblichen müßt euch erheben, um mit den Unsichtbaren auf die gleiche Schwingung zu kommen. So könnt ihr eure geistigen Freunde aufsuchen und begrüßen. Es ist alles so einfach, so klar und dennoch so tiefgründig und so schwer zu erreichen. In der geistigen Welt wie auf Erden braucht es unermüdliche Ausdauer, um ans Ziel zu gelangen.

Bete, daß du dich von dem Joch des niederen Selbst zu befreien vermagst, und daß du die Welt des Friedens, der Schönheit, der Freude und der Klarheit betreten kannst, um in innigen, wahren Kontakt mit ihren Wesen zu kommen und um ihren Segen zu empfangen.

Wie man den Himmel erreichen kann

Während des Schlafes besteht die einzigartige Möglichkeit, mit der Himmelswelt eine Verbindung anzuknüpfen. Viele Menschen tun dies bereits. Ihr mögt entgegnen, daß die Traumerinnerungen eures Schlafes zu konfus, zu verworren seien, um irgend einen Wert zu besitzen. Es gibt natürlich die verschiedensten Arten von Träumen. Viele beruhen auf irgend einem körperlichen Unbehagen. Wir aber meinen eine andere Art von Träumen, solche, die lebendig und wirklichkeitsnah sind und einen tiefen Eindruck hinterlassen. Diese Träume sind wie eine Vision und kommen gewöhnlich am Morgen vor dem Aufwachen.

Ihr solltet euch auf diese Schlaferfahrungen vorbereiten, wobei ihr gleichzeitig die Entwicklung eurer geistigen Fähigkeiten, eurer höheren Seelenkräfte, fördert. Die ersten notwendigen Erfordernisse hierzu sind das Verlangen und das Gebet. Betet mit dem Herzen und nicht nur mit den Lippen. Ihr sollt euch auf den Weg zu Gott begeben, zu Vater-Mutter-Sohn, der heiligen Dreiheit. Wir wiederholen immer wieder, daß ihr zumindest den halben Weg selber zurücklegen müßt, wenn ihr mit IHM in Kontakt kommen wollt.

Als nächstes schlagen wir dir vor, daß du richtig atmest. Wir meinen bewußtes Einatmen des Lichtes, des göttlichen Lebens, und ein bewußtes Ausatmen von Liebe an alle Menschheit. «Hauche über mich, Odem Gottes», sagt eine alte Hymne. Atme Gott ein und atme Gottes Liebe aus. Atme Gottes Segen aus über alles menschliche Leben. Ein solches rhythmisches Atmen beeinflußt nicht nur den Körper. Ein Hellsehender kann beobachten, wie ein Mensch, der in vollem Bewußtsein göttliches Leben einatmet, seine Seele stärkt und ein helles Licht ausstrahlt. Durch die Macht des Christus in dir kannst du augenblicklich einen Lichtstrahl über die ganze Welt senden, oder hinauf in unmeßbare Sphären. Ein solcher Impuls göttlicher Liebe eint alles.

In den griechischen und ägyptischen Mysterien wurden zwei Seelensymbole verwendet, die große geflügelte Scheibe und die Sphinx, deren Flügel die Fähigkeit des Fliegenkönnens veranschaulichten. Keine Schranken halten den Geist des Menschen zurück, es sei denn, sie wären selbst verursacht. Deshalb empfinde dich so, als hättest du Flügel, oder als wärest du von einer geflügelten Sonnenscheibe umgeben, welche den Christusgeist symbolisiert. In des Menschen Herzen ist die goldene Sonne – sein Geist, der sich auf Flügeln in überirdische Sphären erheben kann. Ihr alle habt die Macht, so zu fliegen – zumindest werdet ihr es erlernen.

Der Ausgangspunkt dazu ist die Sehnsucht, dann das Gebet, richtiges Atmen und Hingabe an Gott. Was ist das nächste Erfordernis? Lerne jeden Tag, ausgeglichen und gelassen zu sein. Wir meinen hierbei nicht, daß ihr allzu ernst und humorlos leben sollt, denn damit kettet ihr euch an die Schwere der irdischen Sphäre. Seid immer gelassen und ruhig, doch soll die Freude in euch sein, ein Singen im Herzen und ein Lachen auf den Lippen. Die älteren Brüder haben einen lebendigen Sinn für Humor und lieben das Lachen.

Wir ermutigen euch glücklich zu sein und das Leben zu genießen. Doch dann gibt es Zeiten des Stilleseins, wenn ihr in Kontakt mit der höheren Welt und mit den Besuchern aus jener Welt kommen möchtet. Sie kommen auf einer subtilen Schwingung und wirken durch den Ätherleib auf euch ein, welcher mit eurem Nervensystem verknüpft ist. Lärm und Dissonanz unterbrechen diesen subtilen Kontakt.

Wenn du bewußten Kontakt mit den geistigen Sphären möchtest, dann beherzige vor dem Schlafengehen unsere Ratschläge, doch erzwinge nichts. Tue alles harmonisch. In dir steckt eine Kraft, die wir den «göttlichen Willen» nennen wollen. Dies kann die treibende Kraft sein, die dich in göttliche Sphären erhebt. Je nach dem Bewußtseinsgrad deiner Seele wirst du an jenen Ort in der geistigen Welt gebracht, wo du sowohl deine Belehrungen als auch deine Erholung findest, und wo du deine Freunde und Kameraden triffst.

Vielleicht wirst du in die Hallen des Lernens mitgenommen. Diese sind enorm große Gebäude mit herrlichen Säulen, welche domähnliche Dächer tragen. Die Wände sind so gestaltet, daß sie Bilder wie auf einer Kinoleinwand aus deinem vergangenen Leben und längst entschwundene Episoden aus der Geschichte der Erde zeigen können. Du wirst nun wissen wollen, welchen Wert solche Bilder für dich haben. Sie dienen zu deiner Belehrung, damit dein Geist angeregt und Erinnerungen an die «Uralte Weisheit» aufgefrischt werden. Das hilft dir in deiner zukünftigen Arbeit. Denn was in der Vergangenheit mit der Seele geschah, gestaltet ihre Zukunft.

Hier müssen wir ein Wort der Warnung anbringen. Eure Bemühungen, den Kontakt mit der geistigen Welt herzustellen, dürfen nie aus egoistischen Motiven oder um der Neugier willen unternommen werden. Das wäre gefährlich. Wenn du die Mitmenschen liebst, wirst du deine geistigen Kräfte in erster Linie entwickeln wollen, um ihnen besser dienen zu können. Egoismus ist entschieden ein Hindernis.

Der Grundton deines Lebens sei Liebe und Dienen. Je mehr du Gott und den Menschen dienst und sie liebst, desto mehr wirst du Licht ausstrahlen. Vor dir liegt ein Pfad nie endenden Fortschritts. Laß dich von der irdischen Schwere nicht zu Boden drücken, sondern schreite wie ein Pilger voran auf dem Pfad des geistigen Wachstums.

III

DIE TOTEN LEBEN

Am 11. November eines jeden Jahres gedenkt man in Großbritannien der Toten zweier Weltkriege. Viele Menschen möchten wissen, was mit denen geschieht, die auf dem Schlachtfeld fallen. Meine Freunde, betrachtet euren Körper, als sei er ein Übergewand. Dann nehmt an, daß dieses Gewand durchschossen, verbrannt oder durchnäßt wird, und ihr müßt zugeben, daß ein Gewand weder fühlen noch leiden kann. Genauso wenig fühlten oder litten die Soldaten, denn sie waren in jenem Moment bereits nicht mehr in ihrem Körper. Im gegebenen Augenblick wird der Geist aus dem Körper entfernt. Dies geschieht auf eine Art, die ihr nicht verstehen könnt. Es ist, als ob ein Schleier vorgezogen würde, so daß sich der Geist des körperlichen Leidens nicht mehr bewußt ist. Der Tod wird zu einem wunderbaren Erlebnis, trotzdem es anders aussieht, denn der Schein trügt. Das Herz erschrickt vor dem Gedanken an Schmerz und Tod, doch wenn der Tod eintritt – schwindet alle Angst. Die Seele ist sich nur noch eines großen Friedens bewußt – der Gegenwart Gottes. Was wir sagen, ist von Tausenden bestätigt worden. Ruft die Seele nicht instinktiv nach Gott, wenn sie in großer Gefahr schwebt oder dem Tode ins Auge schaut? Und Gott nimmt sich ihrer unweigerlich an. Der Augenblick des

Todes wird weder gefühlt noch wahrgenommen. Diejenigen, die in der Schlacht sterben, mögen sich des nahenden Todes bewußt sein, und plötzlich befinden sie sich außerhalb ihres Körpers. Sie können sogar ihren fallenden Körper beobachten, doch in ihnen selbst ändert sich nichts. Jemand erwartet sie und bringt sie an einen Ort, wo sie Ruhe und Erholung finden. Für sie ist alles natürlich und normal. Sie sind glücklich. Auch von ihren Verwandten, die sie häufig während der Schlafenszeit besuchen, sind sie nicht getrennt.

Es ist schade, daß viele, die trauern, nicht wissen, was nach dem Tod geschieht. Sie bekommen weder eine Botschaft, noch haben sie ein Gefühl dafür, daß ihre Liebsten nahe sind und es bleibt für sie nichts als traurige Erinnerung – so wenigstens meinen sie. Sie mißverstehen die Bibel und ziehen einen unsichtbaren eisernen Vorhang zwischen beide Welten. Andere meinen, daß der Mensch den Tod wohl überlebe, aber für immer der Erde entrückt sei. Wir hörten euch sagen: «Mein Liebster hat mich für immer verlassen. Ich werde ihn im Jenseits niemals wiederfinden können. Er ist nun schon so lange in der anderen Welt und ist sicherlich weit über mich hinausgewachsen.»

Wir wollen euch helfen zu verstehen, was wirklich geschieht. Viele, viele Male haben wir euch gesagt, wo wahre Liebe ist gibt es keine Trennung, denn in einer solchen Liebe seid ihr alle vereint. Auf einer gewissen Bewußtseinsstufe wird der Kontakt mit den Heiligen Wirklichkeit.

Die Seelen der Menschen sind wie Tropfen im

Ozean oder wie Sand am Meer. Jede Seele ist ein Individuum, jede eine Einheit, alle aber können sich zu einem großen Ganzen vereinigen. Viele Menschen fürchten, daß sie, wenn sie eine bestimmte Vergeistigung erreicht haben, ihre Identität in Gott verlieren, doch das ist nicht so. Gott hat euch erschaffen als Seinen Sohn oder als Seine Tochter, und das für alle Ewigkeit. Natürlich seid ihr stets ein Teil Gottes, doch ihr habt einen individuellen Geist, und wenn ihr euch dereinst mit der großen Familie Gottes vereinigt habt, bleibt ihr trotzdem ein individuelles Wesen und behaltet eure Identität.

Versuche nie die materiellen Dinge den göttlichen Dingen vorzuziehen. «Suchet zuerst das Reich Gottes.» Lasse dieses Reich zu deinem vordringlichsten Herzenswunsch werden, zum ersten Gedanken beim Erwachen. Suche Gott und alle Schönheiten Seiner Welt. Dann lebst du für ein Ziel. So schreitest du diesem endgültigen Ziel entgegen, der vollständigen Vereinigung mit dem heiligen, universalen Leben – dem EINS-Werden mit dem VATER. Immer aber bleibst du dich selbst, denn ER hat dich mit einer Persönlichkeit ausgestattet. Trotzdem kommt dein schönster Augenblick, wenn du gelernt hast, dein Selbst aufzugeben, wenn du erkannt hast, EINS mit dem GANZEN zu sein und somit fähig geworden bist, dich in die Gemeinschaft der Heiligen einzureihen.

Zu gewissen Zeiten (in England am 11. November jeden Jahres, in anderen Ländern zu Allerseelen, Allerheiligen) kommt eine gewaltige Schar von Seelen zur Erde, denn die Menschen gedenken in Liebe der Verstorbenen. Wann immer die Menschen beten und ihrer Lieben gedenken, wird für diese ein Weg geöffnet. Dann kommen so viele Seelen an den speziellen Gedenktagen zur Erde, um ihren Lieben etwas von dem Licht und der Wahrheit zu bringen, die sie selber gefunden haben. Wir möchten aber klarstellen, daß du nicht zu sterben brauchst, um in der höheren Welt diejenigen zu sehen, die dort wohnen.

Wir sprechen jetzt ganz speziell zu jenen, die einen lieben Mitmenschen verloren haben. Wir sagen dir, deine Lieben sind genau dieselben, die du vor ihrem Tod kanntest und liebtest. Es ist die gleiche Persönlichkeit, ist immer noch dein Vater, dein Sohn oder Bruder, deine Mutter, deine Tochter oder Schwester, dein Mann oder deine Frau. Sie sind genau dieselben – lediglich viel glücklicher, denn sie sind frei von irdischen Sorgen, Nöten und Wirren. Ihre Freude vermehrt sich, wenn sie fühlen, daß du mit ihnen von Seele zu Seele verbunden bist und daß du glaubst und weißt, daß sie nahe sind. Versuche als Seele mit ihnen zu reden, rede in Gedanken, als seien sie wirklich da.

Wir sagen dir in aller Liebe, daß du einen großen Teil deines eigenen Leides selbst verursachst. Du meinst nun, wie können wir so etwas sagen, wenn dein Herz durch einen Todesfall trauert. Natürlich trägst du keine Schuld an der Ursache deiner Trauer, doch du leidest zufolge deiner Einstellung zu diesen Dingen. Hättest du die Gabe entwickelt, die Nebel des Irdischen zu durchdringen, würdest du wissen, daß dein Liebster nicht tot ist oder von dir fort ging. Eine Verbindung von Seele zu Seele ist möglich, wenn du in dir das Bewußtsein der Einheit-allen-Lebens trägst. Lerne Gott so zu lieben, daß du weißt, daß Gott Liebe ist und ER dich liebt. In IHM ist kein Tod, sondern Leben im Überfluß. Dein Liebster wohnt sowohl in Seiner Liebe, wie auch in deinem Geist. Deshalb ist er bei dir, und nicht verloren oder weit entfernt.

Denke niemals, daß jemand «tot» sein könnte. Stelle dir vor, wie er intensiver als vorher lebt in einem Land, das er liebt. Denke auch bitte nicht, daß er müssig sei, denn das fände er bestimmt nicht interessant. Wo sein Herz ihn hinzieht, dort wird er seine Arbeit finden und nach Herzenslust tätig sein.

Glaube uns, daß alle Erfahrungen deines täglichen Lebens nötig sind, um dich zu belehren und zur Selbstdisziplin zu bringen, auch dann, wenn sie manchmal schmerzlich sind, denn Freude kommt durch Leid. Der Weise weiß, wenn eine scheinbare Tragödie einer Familie Trauer bringt, wird diese alsbald erfahren, daß sich hinter dem Tod ein weiser Zweck verbirgt, der letztendlich Erfüllung bringt.

Der Weise trauert weder über die Toten noch über die Lebenden, denn er weiß, daß Gott in Seiner weisen und mitfühlenden Güte alle Seine Kreaturen umsorgt und umhegt. Wie könnten wir je die richtigen Worte finden, die den ängstlichen Herzen der Menschen die große Güte, die überwältigende Schönheit und den immerwährenden Frieden Gottes begreiflich machen?

IV.

WAHRER GEISTIGER KONTAKT

Kinder in der geistigen Welt

Was geschieht mit einem Neugeborenen oder Kleinkind, wenn es stirbt? Vom materiellen Standpunkt aus betrachtet scheint ein solches Kind tatsächlich zu sterben. Im Moment des Überganges aber ist ein Engel des Todes anwesend, der die Seele des Kindes in einen tiefen Schlaf versetzt und sie dann liebevoll und zärtlich hinweg trägt. In der geistigen Welt erwacht das Kind. An seiner Seite findet es den Geist der göttlichen Mutter. Ihr liebevoller Einfluß umfängt es und nimmt ihm jede Angst.

Es sind bereits Vorkehrungen getroffen worden, um dem besonderen Temperament des Kindes gerecht zu werden. Oft ist eine geliebte Seele, eine Großmutter oder wenn möglich seine eigene Mutter, die vielleicht gerade schläft, gegenwärtig. Nachbildungen seiner liebsten Spielsachen nehmen seine Aufmerksamkeit in Anspruch. Kinder, die ins Jenseits hinüberkommen, leiden in keiner Weise unter dem Gefühl eines persönlichen Verlustes. Da sie nur eine relativ kurze Zeit von ihrer geistigen Heimat getrennt waren, sind sie in der geistigen Welt fast noch wie zuhause. Für sie ist es wie eine Heimkehr an einen Ort, an den sie sich noch erinnern, und welchen sie lieben, trotzdem die Erinnerung an ihre neu erworbenen irdischen Eltern auch da ist. Bald freuen sie sich an allem, was für sie vorbereitet wurde, um sie glücklich zu machen. Sie leben in Heimwesen, in schöner ländlicher Umgebung, freuen sich an ihren Lieblingsspielen und anderen Erholungen. Sind sie alt genug, kommen sie in eine Schule oder an einen Ort des Lernens. Wohin sie auch gehen, sind sie von dem Gefühl göttlicher Liebe durchdrungen und wissen, daß sie in der Geborgenheit sind. Glückstrahlend durchforschen die Kinder ihre Umgebung. Sie werden mit der Natur ihrer Welt vertraut und schließen Freundschaft mit den Naturgeistern, den Elfen und Gnomen, die in Fülle dort leben. Sie befreunden sich auch mit den Kindern, die neu vom Erdenleben herüberkommen.

Überdies sind sie mit ihren Eltern immer noch in Verbindung, besonders wenn diese während des Schlafens zu ihnen kommen. Die Eltern vergessen zumeist ihren Traum der Wiedervereinigung und erinnern sich auch nicht mehr an das Heim der Kinder und dessen Umgebung. Im Jenseits wachsen die Kinder rasch auf. Die Zeit dort läßt sich nicht mit der Zeit der Menschen vergleichen. Diejenigen, die ein geliebtes Kind durch den Tod verloren haben, können versichert sein, daß ihm nichts fehlt. Kommt dann ihre eigene Zeit des Überganges, werden sie mit ihrem Kind wieder zusammentreffen. Damit keine Entfemdung entsteht, nimmt es für cinc Zeitlang das den Eltern bekannte Aussehen an.

Das Leben im Jenseits wäre ohne die Kameradschaft der Tiere unvollständig. Auch diese überleben den Tod und erfreuen sich eines Lebens in Freiheit mit allen Freuden ihres Tierlebens, jedoch mit dem Unterschied, daß sie weder jagen noch töten. Für sie ist ihr neues Leben eine Fortsetzung des alten, doch vollkommen und schön in jeder Hinsicht. Sie erinnern sich an ihren ehemaligen Meister und die Freunde und warten auf deren Kommen.

Echte Beweise der Wahrheit

Denjenigen, die Beweise haben wollen, können wir lediglich wiederholen, was wir einst jemandem sagten, der uns bat, ihn vom Leben nach dem Tod zu überzeugen. Wir fragten ihn, ob er in der Lage sei, uns einen überzeugenden Beweis zu liefern, daß es *kein* Leben nach dem Tod gäbe. Das konnte er nicht. Niemand kann diesen Gegenbeweis antreten. Anderseits haben viele Tausende, ja Millionen Menschen persönliche Beweise von einem Weiterleben jenseits des Grabes erhalten. Einzelne Episoden, isolierte Berichte von einem Überleben, sind jedoch noch keine allgemein gültigen Beweise. Sogar wenn wir in diesem Moment bemerkenswerte psychische Phänomene hervorbrächten, sie würden immer noch nicht eindeutig beweisen, daß eure Persönlichkeit das Grab überdauert.

Die Wahrheit ist eine Offenbarung Gottes in des Menschen eigenem Wesen. Der einzige wahre und dauerhafte Beweis der Unsterblichkeit offenbart sich im Innersten des menschlichen Geistes und ist nicht vom Äußeren abhängig. Erfolgt diese innere Offenbarung, dann bist du sicher, daß gewisse Dinge unumstößlich wahr sind. Solltest du aber aufgefordert werden, dies *anderen* Menschen zu beweisen, wäre das für dich äußerst schwierig. Du kannst dir die Dinge zu deiner eigenen Zufriedenheit beweisen, denn der Gott in dir kennt die Wahrheit. Auf ähnliche Weise sollte das Göttliche in jedem Menschen die Wahrheit, oder Gott-im-Nächsten,erkennen können.

Deshalb sagen wir zu jenen, die Beweise für ein Leben nach dem Tod haben wollen: Folgt dem Licht in eurer eigenen Seele. Sucht Offenbarung, und so sicher, wie der Tag auf die Nacht folgt, werdet ihr Erfahrungen sammeln, die euch absolute Beweise von einem Leben bringen, das über dieses irdische Leben hinausgeht.

Indirekter und direkter Kontakt

Ihr werdet wissen wollen, ob es für eine Seele im Jenseits möglich ist, über ein Medium mit Menschen auf der Erde in Gedankenaustausch zu kommen. Ja, echte Kontakte kommen auf diese Art zustande, aber es ist eine etwas unsichere Methode, weil vollkommene Bedingungen nicht leicht zu erreichen sind. Trotzdem kann ein solcher Kontakt durch ein Medium die Seelen auf beiden Seiten des Schleiers trösten, besonders nach einem kürzlich erfolgten Tod, und das sollte nicht als unerwünscht oder falsch gewertet werden.

Dürfen wir euch nahe bringen, wie wichtig es ist, alle eure Sinne zu schärfen, wenn ihr erhofft, Botschaften aus der Welt des Geistes durch ein Medium zu erhalten. Oftmals wurden wir recht traurig, wenn wir die Bemühungen beobachteten, welche Jenseitige unternahmen, um einen Diesseitigen zu erreichen, der so schwer von Begriff schien und so wenig Verständnis zeigte. Anderseits wissen wir, daß ihr eigentlich auf alles eine fertige Antwort haben möchtet. Die Jenseitigen aber wollen es euch nicht so leicht machen, nicht weil sie euren logischen Verstand ablehnen, sondern weil sie wünschen, daß ihr eure eigenen göttlichen Gaben gebrauchen sollt. Sie wollen, daß *ihr selber* einen Teil der Arbeit leistet. Mediale Kommunikation ist wie eine Brücke, die von einer Welt zur anderen reicht. Von beiden Seiten muß man sich Mühe geben, um eine «Zusammenkunft» zu erreichen. Deshalb wißt, daß ihr genau so verantwortlich seid für euren Teil der Brücke, wie die Jenseitigen, die ihren Teil zu bauen haben.

Wie wir bereits erwähnt haben, bedienen wir uns des Ätherleibes für eine Kontaktnahme von uns zu euch. Der Ätherleib ist mit dem Nervensystem eng verbunden, ja er durchdringt es, und da ein Medium überaus sensitiv ist, wird während einer Übertragung sein Nervensystem stark beansprucht.

Viele Leute haben versucht, Instrumente zu konstruieren, die als Brücke zwischen dem Jenseits und dem Diesseits dienen sollen und die somit das Medium überflüssig machen. Sie glauben, daß eine mit solchen Mitteln erreichte Kommunikation viel zuverläßiger sei. Wir sind anderer Ansicht. Wir meinen, daß ein Kontakt zwischen den beiden Welten bis zu einem gewissen Grad immer vom ultra-sensitiven menschlichen Organismus abhängt.

Es gibt eine «äußere» und eine «innere» Kommunikation. Die erstgenannte benötigt ein Medium und äußert sich auf verschiedene Arten, wie Hellsehen, direkte Stimme, Tieftrance, Psychometrie oder automatisches Schreiben. Trotzdem viele echte und gute Kontakte auf diese Art und Weise stattgefunden haben und immer noch stattfinden, sollt ihr euch bewußt sein, daß die so erhaltenen Botschaften nicht notwendigerweise immer von der geistigen Welt kommen. Sie können auch aus dem Unterbewußtsein stammen, oder im Falle von gewisser Hellsichtigkeit und der Psychometrie sind sie eine Art von «Aura-lesen». Wir sagen nicht, es sei unmöglich, daß klare, echte Botschaften durchkommen, doch wenn ihr die oben genannten Faktoren in Betracht zieht, müßt ihr zugeben, daß diese Art der Verständigung unter Umständen unzuverläßig sein kann. Manchmal kommt eine Botschaft klar und eindeutig – ein anderes Mal ist sie unklar und verwirrt. Ein Medium muß gewisse Qualifikationen aufweisen, wie die Gabe sich auf Gott einzustellen oder anders gesagt, Kopf und Herz der absoluten Wahrheit, Weisheit und Liebe Gottes zu unterziehen. Wir betonen, daß sich das Medium vollständig auf die Wahrheit konzentrieren muß, nur dieses und nichts anderes wünschen darf, indem es alle Eigenwünsche ausschaltet, und das ist nicht leicht für einen gewöhnlichen Menschen.

Deshalb ist es weiser und sicherer, die eigenen geistigen Fähigkeiten zu entfalten. Wir denken hier nicht an eventuelle außersinnliche Wahrnehmungen, sondern an die Fähigkeit der Bewußtseinserweiterung, so daß du selber direkten Kontakt aufnehmen kannst. Ein Gefühl, eine Überzeugung im Herzen, daß dein Liebstes direkt zu dir gesprochen hat, zählt mehr, als viele übersinnliche Beweise. Jenseits aller «äußeren» Methoden der Kommunikation liegt, was wir die innere, geistige Verbindung, die direkte «Kommunikation des Geistes» nennen wollen. Wer diese Art der Verbindung erreicht, nähert sich dem Kontakt mit der reinen Wahrheit. Denn sie kommt nicht via übersinnlicher Fähigkeiten, sondern findet im Herzzentrum (Herz-Chakra) statt. Vermutlich weißt du, wo das Herz-Chakra liegt. Dem Hellsehenden zeigt es sich wie eine Lichtscheibe in der Herzgegend. In einem geistig noch nicht Erwachten glüht sie gerade sichtbar, doch in einem geistig Erleuchteten strahlt sie rein und schön. Bei Heiligenbildern sieht man manchmal ein strahlendes Juwel auf der Brust. Unsere katholischen Freunde stellen das Herz-Chakra auf Jesusbildern durch ein flammendes Herz dar. Diese innere Verbindung mit der geistigen Welt findet über das entwickelte strahlende Herz-Chakra statt und Worte sind dabei nicht nötig. Sollen wir sie die Sprache des Herzens nennen? Der Empfänger einer solchen Botschaft aus der geistigen Welt hat eine absolute innere Gewißheit über deren Quelle. Manchmal bekommt ihr durch ein Medium einen Hinweis, der eure Gedanken in eine gewisse Richtung lenkt und euch in Kontakt mit einer geistigen Bewußtseinsebene bringt, aus der ihr diese innere Gewißheit bekommt. Ihr seid dann vielleicht nicht in der Lage, die Quelle dieses Wissens jemand anderem zu erklären, seid aber absolut sicher, daß ihr mit einer Seele, die euch sehr teuer ist, in Kontakt seid. Hierzu braucht es keine Worte. Es ist ein Einfließen geistigen Lichtes von Herz zu Herz, eine seelische Verwandtschaft. Ihr habt einen wahren, echten Kontakt erlebt.

Normalerweise gelingt diese innere Verbindung mit dem Jenseits denen, die sich hierfür vorbereitet haben. Doch braucht man nicht unbedingt allein zu sein in einer Kirche oder einem Tempel. Durch ein tiefempfundenes Gebet, sich selber kaum bewußt und vielleicht ohne Worte, erhebt man sich zu Gott. Wahres Beten stellt die Verbindung her mit der Welt des Geistes.

Du sollst natürlich über solche Dinge vernünftig denken und ausgeglichen sein. Lebe auf die richtige Art und Weise, wissend, daß du zu einem ganz bestimmten Zweck in einem materiellen Körper lebst. Die Verbindung mit der Welt des reinen Geistes wird dir nicht vorenthalten, wenn du demütig im Herzen bist, einfach im Glauben bleibst und der ewigen Liebe vertraust. Vernimmst du aus der geistigen Welt etwas, das weise, göttlich, wahr und schön ist, dann sage nicht hinterher: «Das war alles nur Einbildung.» Kein Besucher aus den höheren Regionen wird dir eine Botschaft bringen, die den Gesetzen Christi widerspricht oder Worte gebrauchen, die unfreundlich und verletzend wären, noch wird er dich jemals in die Irre führen. Was aus der Christussphäre kommt, trägt ihr besonderes Siegel. «An ihren Früchten wird man sie erkennen.»

Zusammenfassend können wir sagen, daß die Vorbedingung für einen klaren Kontakt Seelenfrieden und Stille sind, nicht nur im äußeren Leben, sondern tief im Inneren. Jenseits aller Konflikte ist die Stille und in dieser Stille ist Gott. Gott ist der Ursprung jeder geschaffenen Form, jeder Aktivität und jeder Offenbarung.

Das Licht in dir ist nicht allein auf dich beschränkt, denn je mehr es wächst, desto mehr strahlt es nach außen und reicht bis ins All. Dann kommst du, wie es dein inniger Wunsch ist, mit strahlenden Wesen in Kontakt. Vergiß nicht, daß deine Lieben, nachdem sie durch die Astralwelt hindurch gegangen sind, in eine höhere Ebene eingehen, wo du sie von Angesicht zu Angesicht treffen kannst. Verfalle nie in den Fehler zu glauben, daß du, weil du in einem physischen Körper lebst, auf diese materielle Welt beschränkt bist. Du bist sowohl göttlich als auch menschlich. Du hast einen himmlischen und einen physischen Leib. Der himmlische Leib wurde dir verliehen, damit du dich seiner jetzt schon bedienen kannst. Es ist ein großer Fehler zu glauben, daß die Herrlichkeiten des Himmels unerreichbar seien. Im Verlaufe seiner Entwicklung wird der Mensch lernen müssen, wie er als Wanderer, als Besucher, in seine wahre Heimat, die himmlische Welt, gelangen kann, um dort mit eigenen Augen die Wunder zu schauen, die für jede

Gott liebende Seele bereitet wurden. Der Ort dieses geistigen Kontaktes ist der Tempel innerhalb eures eigenen Wesens, von dem Jesus sprach. Alle Meister aller Zeiten haben ihre Jünger gelehrt, die geistige Verbindung zu suchen, bei welcher das Brot des Lebens gegessen und der Wein des Lebens getrunken werden kann. Der heilige Gral, meine Freunde, ist in eurem Herzen und er ist zugleich der kosmische Kelch. Folgt eurem Pfad unentwegt und ausdauernd und ihr werdet das Ziel mit Sicherheit erreichen und die wahre Lebensfreude kennen lernen. Die Nebel weichen, und Glück wird eure Krone sein.

V.

DER TEMPEL DES LICHTES

Während ihr auf Erden seid, baut ihr einen Tempel. Euren physischen Körper versorgt ihr durch Nahrung, die ihr zu euch nehmt und durch die Luft, die ihr atmet. Eure Wünsche, Emotionen und Neigungen im irdischen Leben erbauen gleichzeitig euren Astralleib. Eure Gedanken, Vorstellungen und Gebete, euer Sehnen und all' eure schöpferischen Begabungen formen euren höheren Mentalleib. Dem ausgebildeten, hochentwickelten Hellseher sind alle diese Körper in der Aura des Menschen sichtbar. Den Astralleib, der den physischen Körper durchdringt und umgibt, sieht er als farbige Ausstrahlung, entweder in feinen und delikaten oder in groben, stumpfen und häßlichen Farben. Je intensiver und höher entwickelt ein bestimmter Mensch ist, desto schöner wird seine Aura sein. Den Astralleib durchdringend, sieht der Hellseher ferner die Ausstrahlung des Mentalleibes. Außerdem gibt es noch einige feinere Emanationen, die aber selten gesehen werden.

Um die reinen, feinstofflichen Ebenen des Lebens zu erreichen und zu durchdringen, müßt ihr spezielle Sinne und reine, feine «Körper» entwickeln. Wenn ihr aber weder über ein höheres Leben nachdenkt, noch danach strebt, wenn ihr mit grobmateriellen Dingen zufrieden seid, könnt ihr nicht hoffen in jene Ebenen zu gelangen. Um mit den höheren Ebenen des Lebens in echten Kontakt zu kommen, muß der physische Körper durch richtiges Leben, aufrichtiges Wollen, wahre Gebete und durch ein dauerndes Höherstreben gereinigt werden. Gleichzeitig soll der Astralleib durch selbstloses Wünschen, Sehnsucht nach dem Geistigen, durch verfeinerte Empfindungen und durch Liebe nach Schönheit in all' ihren Formen geläutert werden. Den Mentalleib kann man durch Meditation, Imagination und durch unermüdliches Suchen vergeistigen. So baut und entwickelt ihr eure feinstofflichen Körper. Doch bis ihr diese vervollkommnet habt, lebt ihr wie in einem Gefängnis.

Jenseits der Mentalebene befindet sich, was wir den «Tempel des Lichtes» nennen wollen. Von der Sphäre dieses Tempels kehrt die Seele schließlich zu ihrer nächsten Inkarnation auf die Erde zurück. Zuvor aber kann sie eine lange Zeit im Zustand der Glückseligkeit jener Sphäre verbringen, um sich von den Strapazen des Dienens auf der Erde zu erholen. Für die Dauer dieser Zeit gibt es keine Regeln. Die Seele wird nicht in eine Inkarnation gezwungen. Das Gesetz des Lebens allerdings sieht vor, daß sie eines Tages zurück kommt. An einem bestimmten Punkt ihrer geistigen Entfaltung angelangt, erwacht die Seele, gelangt sozusagen zur Einsicht und entscheidet sich selbst zu einer weiteren Inkarnation, nicht nur, um mehr Kenntnisse zu erwerben, sondern oftmals, um vermehrt dienen zu können.

Alles, was die Seele auf Erden je leistet und erlebt, wird in den Tempel des Lichtes eingebaut.

Nur durch geistige Entwicklung und geistiges Training könnt ihr euch eures eigenen Tempels, des himmlischen Leibes bewußt werden, solange ihr noch auf Erden weilt. Wenn ihr in eurer Meditation in einen herrlichen, reinen Bewußtseinszustand versetzt werdet, kommt ihr mit dem himmlischen Leib in Berührung.

Des Menschen Seele setzt sich aus dem Astralleib, dem Mentalleib und dem himmlischen Leib oder dem Tempel des Lichtes, von dem wir gesprochen haben, zusammen. Diese drei formen seine Seele. Doch da ist noch etwas anderes –der Geist. Hat sich die Seele vervollkommnet, das heißt, wenn sie alle Möglichkeiten an Erfahrungen aus dem physischen Leben gesammelt hat, dann ist der Geist bereit, seine Christus-Einweihung zu erleben. Eine wunderbare «Auferstehung» oder Erleuchtung erwartet den Menschen, wenn der Christus, oder der Geist in ihm sich regt und erwacht. Christus selber hat den Weg für diese Schwingungserhöhung des Menschen vorbereitet und Jesus wurde der Christus, denn Jesus ging den Weg und demonstrierte ihn der ganzen Menschheit. Er sagte: «Ich bin der Weg, die Wahrheit und das Leben» – *der Weg zum ewigen Leben.*

Manche Leute sind der Ansicht, daß die Menschheit nicht erlöst werden kann, ohne sich zu Jesus Christus, dem Gekreuzigten zu bekennen. Das aber stimmt nicht ganz. Nicht die äußere Person Christi ist es, die der Mensch zur Erlösung braucht, es sei denn, als Beispiel und Vorbild. Das große Ziel des Menschen ist, den inneren Christus zu finden.

Wenn dann der «Tempel des Lichtes» vollendet ist, erfolgt die Wieder-Geburt in himmlische Sphären – die Geburt in ein *Dasein reiner Glückseligkeit.*

Das Christus-Bewußtsein

Wie kannst du als Einzelner die Kraft und das Leben des Kosmischen Christus in deinem Leben verwirklichen? In erster Linie, indem du dir bewußt bist, daß Christus nicht ein weit entferntes Wesen ist, dem du eines Tages begegnen wirst, wenn du gut warst und die Erde verlassen hast – nein, Christus ist eine immer gegenwärtige intelligente Macht, Christus ist dein Freund, dein Bruder, wenn du willst. Er ist aber auch ein Erlöser. Wir sprechen weniger vom Nazarener Jesus, als von der kosmischen und mystischen Wesenheit, die bereits zu Anbeginn allen Lebens auf diesem Planeten war, und die dennoch die Bedürfnisse der Menschen so genau kennt, daß sie es auf sich nimmt, menschliche Gestalt anzunehmen. Es ist sehr wichtig für dich zu erkennen, daß dieses Wesen des Lichtes zu dir in menschlicher Gestalt kommen kann, daß es deine menschlichen und persönlichen Probleme versteht, deine Ängste, Befürchtungen, Schwierigkeiten und deine Einsamkeit kennt.

Der Mensch von heute hat sich verstandesmäßig zu stark entwickelt und an *Weisheit* mangelt es ihm. Er kennt in seinem Herzen weder Einfachheit noch Demut, die ihn befähigen würden, die Liebe seines Schöpfers zu erkennen und zu verstehen. Wenn du eines Tages meinst, du habest eine Vision des Meisters Jesus gehabt, dann ist das nicht unbedingt Einbildung, denn Jesus ist der Menschheit besonders nahe. Seine Seele wurde für die große Mission vorbereitet und er wurde von seinem Schöpfer auf diese Erde gesandt, damit Christus, der Sohn Gottes, durch ihn wirke. So konnte sich Christus durch einen Menschen äußern, um der Welt die Wahrheit über die Erlösung der Menschheit zu bringen.

«Erlösung» ist das einzig richtige Wort, die Mission des Christusgeistes zu beschreiben, denn, wenn der Christusgeist im Menschen zum Leben erwacht, wird der Betreffende buchstäblich von seinen Sünden *«gelöst»*. Die Dinge dieser Welt berühren ihn nicht mehr, wenn er einmal den Christusgeist in sich voll entfaltet hat. Er ist dann zur vollen Menschenwürde herangereift. Das ist für alle Menschheit der Sinn der Erlösung. Also, nicht der Glaube an ein ganz bestimmtes Wesen bringt dem Menschen Erlösung, sondern die Christusliebe in ihm selber. Sie verbietet ihm Krieg gegen seinen Bruder zu führen, oder diesen so zu behandeln, als wäre er geringer. Die Christusliebe wird ihn zu Worten und Taten der Güte und Rücksicht bewegen, wird ihn veranlassen, im täglichen Leben für Gott zu wirken, wie auch im Bewußtsein, daß über ihm, um ihn und in ihm das Göttliche lebt. Das ist – Erlösung durch Christus.

Jesus sagte einst zu seinen Jüngern, wie auch zu jenen, die Ohren haben zu hören und Herzen, die offen sind für die Wahrheit: «Siehe, ich sende euch einen Tröster.» Und er sagte ferner: «Wenn ich nicht ginge, würdet ihr den Tröster nicht kennen lernen.» Euer Tröster, meine Freunde, ist der Christus in eurem Herzen. Doch solange ihr euch an äußere Dinge klammert, Dinge, die ihr sehen und berühren könnt, solange ihr euch an das äußere Leben haltet, könnt ihr den Tröster nicht empfangen und den Christus im Inneren nicht entfalten. Er kommt, um euch Erleuchtung zu bringen, einen Ausblick auf den großen, göttlichen Schöpfungsplan.

Mein Freund, trauerst du um jemanden, der dir lieb und teuer ist? Suchst du ihn und sehnst du dich nach ihm auf der irdischen Ebene? Scheint dir der Himmel verschlossen und findest du keinen Kontakt? Dann erhebe dich durch ernsthaftes Gebet direkt zu Christus als zu einem, der deinen Schmerz und deine Not versteht. Und der Himmel wird sich auftun, der Tröster wird in dein Herz einziehen, dein Schauen wird klar und du wirst die geliebte Seele sehen. Dann weißt du auch – da wo du liebst, kannst du nicht verlieren, denn wenn du liebst, bist du in Liebe mit ihm vereint. Es gibt keine Trennung. Dein Liebster wird dir nicht im Körper, den er abgelegt hat, erscheinen, doch seine Form wird er behalten, weil Gott die Menschen nicht nur mit einer physischen Gestalt, sondern auch mit einer Seelengestalt ausgestattet hat.

Fühlst du dich nicht wohl und weißt vielleicht, daß du eine Krankheit für längere Zeit ertragen mußt, oder die Krankheit eines dir lieben Menschen, kannst du dich trotzdem im Geist erheben, um Christus zu begegnen. Gelingt dir dies wirklich, dann wirst du gesund und schmerzfrei. ER ist der große Heiler. ER demonstrierte es damals durch Jesus und demonstriert die Heilkraft des Schöpfers auch heute noch. Der Mensch aber muß kindische und irdische Dinge ablegen und soll im Bewußtsein der alles durchdringenden, alles umfassenden göttlichen Kraft leben. Dies ist All-Liebe, All-Weisheit.

Fürchtest du dich vor der Zukunft? Siehst du keinen Ausweg? Hast du Angst vor dem nächsten Schritt? Dann wende dich an Christus. Sei geduldig und bleibe im Glauben – habe mehr als Glauben, sei im vollen Bewußtsein seiner Weisheit. Du hast keinen Grund, ängstlich oder furchtsam zu sein, denn dein Schöpfer liebt dich und führt dich Schritt für Schritt. Ehedem gingst du einmal diesen, einmal jenen Pfad und sie führten zu nichts. Doch nunmehr, da du dich im Geist zu Christus erhebst, gelangst du wieder zum großen Lebensstrom, der auch dein Leben ist – und dieser Strom leitet dich geradewegs nachhause. Du sollst wissen, daß das Licht und die Liebe, die dich führen, immer bei dir sind. Das ganze Leben hindurch und durch die große Einweihung, den Tod, werden sie dich niemals verlassen.

Nun, meine Freunde, wollen wir euer Bewußtsein nochmals zu Christus empor heben, zu einem Leben voll Liebe, Weisheit und Kraft ... Seid still und erhebt eure Herzen in kindlicher Einfachheit und schaut die Herrlichkeit des auferstandenen Christus ... Scharen von erleuchteten Wesen und

Engel umgeben euch ... Fühlt euch eins mit dieser großen Schar und mit dem König der Könige, eurem Erlöser ...

Sei beherzt und mutig, beginne von diesem Augenblick an gütig zu sein, von ganzem Herzen zu lieben und für alle Segnungen des täglichen Lebens zu danken. Sei dir immer bewußt, daß die starken Arme Gottes dich tragen – in dieser Welt und in allen anderen Welten.

WHITE EAGLE - BÜCHER

WUNDER DES LICHTES (Morninglight)
Über das Woher, Wohin und Warum des Menschen, 64 Seiten, (8.50 DM)

IN DER STILLE LIEGT DIE KRAFT (The quiet mind)
Auslese der markantesten Worte von White Eagle, 55 Seiten, (8.50 DM)

GEBETE IM NEUEN ZEITALTER (Prayer in the new age)
Gebete und Invokationen, 95 Seiten, (10.00 DM)

WEISHEIT VON WHITE EAGLE (Wisdom from White Eagle)
Vermittelt das Weltbild des neuen Zeitalters und erklärt das geistige Gesetz und seine Auswirkungen, 95 Seiten, (10.00 DM)

DER GEISTIGE PFAD (Spritual unfoldment I)
Geistige Entwicklung und Entfaltung der Seelenkräfte des Menschen, 125 Seiten (16.00 DM)

NATURGEISTER UND ENGEL (Spiritual unfoldment II)
Das verborgene Leben der Naturgeister und Engelwesen, 84 Seiten, (12.00 DM)

WHITE EAGLE MEDITATION (Meditation)
Theorie und Praxis der White Eagle-Meditation, 118 Seiten, (15.00 DM)